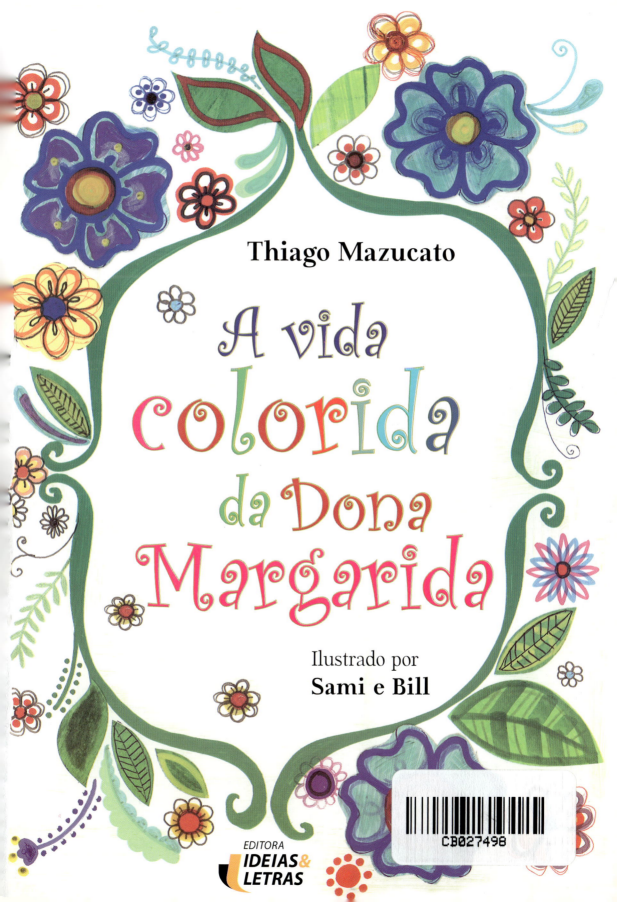

Direção Editorial: Marlos Aurélio
Conselho Editorial: Avelino Grassi
Edvaldo Araújo
Fábio E.R. Silva
Márcio Fabri dos Anjos
Mauro Vilela
Copidesque e revisão: Ana Aline Guedes da Fonseca de Brito Batista
Thiago Figueiredo Tacconi

COLEÇÃO PEQUENOS PENSADORES
Coordenação: Thiago Mazucato
Projeto gráfico e capa: Gledson Zifssak

Ilustrações: Sami e Bill

2ª impressão, 2015

Dados Internacionais de Catalogação na Publicação (CIP)
(Câmara Brasileira do Livro, SP, Brasil)

A vida colorida da Dona Margarida / Thiago Mazucato –
São Paulo: Ideias & Letras, 2014.
(Coleção Pequenos Pensadores)
ISBN 978-85-65893-55-8

1. Filosofia - Literatura infantojuvenil. 2. Literatura infantojuvenil I. Título. II. Série.

14-001760   CDD-028.5

Índices para catálogo sistemático:
1. Filosofia: Literatura infantojuvenil 028.5
2. Filosofia: Literatura juvenil 028.5

© Ideias & Letras, 2015
EDITORA IDEIAS & LETRAS
Rua Tanabi, 56 • Água Branca
05002-010 • São Paulo-SP
(11) 3675-1319 / (11) 3862-4831
Televendas: 0800 777 6004
www.ideiaseletras.com.br

Impressão e Acabamento:
GRÁFICA E EDITORA SANTUÁRIO
Rua Padre Claro Monteiro, 342
Aparecida-SP

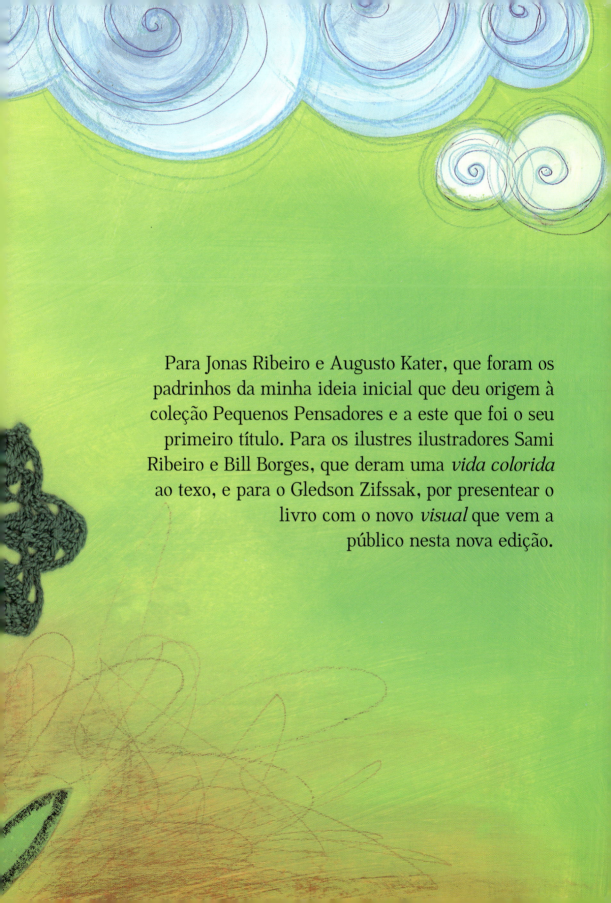

Para Jonas Ribeiro e Augusto Kater, que foram os padrinhos da minha ideia inicial que deu origem à coleção Pequenos Pensadores e a este que foi o seu primeiro título. Para os ilustres ilustradores Sami Ribeiro e Bill Borges, que deram uma *vida colorida* ao texo, e para o Gledson Zifssak, por presentear o livro com o novo *visual* que vem a público nesta nova edição.

Na frente de casa havia um jardim com flores de todas as cores. A Dona Orquídea e a Dona Cravina eram mais quietas, já a Dona Angélica e a Dona Gardênia eram tagarelas, e a Dona Rosa e a Dona Tulipa adoravam exibir suas roupas para as outras flores. Mas quem era o centro das atenções era a Dona Margarida. Esta sabia ficar quietinha quando era preciso, mas sabia tagarelar quando queria e também adorava desfilar para as amigas.

Dona Margarida até ganhou delas o apelido de Dona Estrela. Como elas mesmas diziam, os pensamentos da Margarida eram brilhantes, mas viviam longe, assim como as estrelas no céu.

Sempre que chegava o outono a Dona Margarida se transfomava. Ela que era amarelinha, começava a ficar triste porque todas as suas amigas ficavam com as pétalas amareladas. Ela não entendia que isso acontecia por conta das estações do ano e pensava que elas queriam imitá-la vestindo roupas amarelas iguais às suas.

O chão ficava coberto de folhas amareladas, caídas das árvores, e quando o Sol começava a aparecer de manhã, Dona Margarida sentia que o mundo todo começava a ficar amarelo, e ela que estava sempre sorridente começava a exibir um sorriso pálido. De tardezinha, quando o Sol estava bem forte, Dona Margarida olhava para o muro, depois olhava para a parede da casa e sempre via a mesma sombra... aí ela ficava ainda mais triste.

É que do outro lado do muro havia o jardim da casa vizinha e como a Dona Margarida era bem baixinha, não conseguia ver as plantas de lá, mas via na parede uma sombra bem grande de uma árvore que morava do outro lado do muro. Ela morria de vontade de dizer um "oi", sentia muita curiosidade de ver as amigas do outro lado, mas sempre via somente a sombra enorme da árvore projetada na parede.

Margarida não sabia que a sombra era de uma árvore, pois ali no jardim em que ela morava não havia nenhuma árvore, e como ela conhecia somente outras flores, imaginava que a sombra era de uma flor muito grande, a maior de todas que ela poderia imaginar... e como era tão grande, ela imaginava que deveria ser bem colorida... e nessa hora lembrava-se que ela e todas as suas amigas estavam amareladas e sentia uma tristeza enorme.

Enquanto seus pensamentos viajavam nas ondas da tristeza veio uma ventania, e eis que caiu bem nos pés da Dona Margarida um pedaço de papel. Era uma folha de revista. Quando ela olhou para a imagem desenhada no papel, teve uma ideia que mudaria a vida do jardim naquela tarde!

No papel tinha a foto de uma flor de pétalas violeta bem brilhante. Na mesma hora Dona Margarida sentiu-se tão feliz ao ver a foto que teve a certeza: a flor do outro lado do muro deveria ser exatamente daquela cor! Aliás, só poderia ser um lírio bem bonito e elegante... respirou fundo e pensou:

– Ah... O Sr. Lírio deve ser tão lindo!

Olhou novamente para a foto no papel e teve a certeza de que se o vento tinha trazido aquelas pétalas lindas aos seus pés, só poderia ser um presente que o Sr. Lírio tinha mandado para ela.

Dona Margarida foi pegando o papel e recortando as pétalas da foto como se estivesse desembrulhando um pacote, em seguida vestiu as pétalas toda feliz como quem veste roupas novas.
Suas pétalas começavam a exibir um sorriso de felicidade.

Suas colegas estavam tão tristonhas que nem viram Dona Margarida vestindo a roupa nova.

Quando a Orquídea, a Cravina, a Angélica, a Gardênia, a Rosa e a Tulipa olharam para o lado e viram uma flor nova com pétalas violetas vibrantes, ficaram mordidas de inveja... afinal, todas elas vestiam pétalas desbotadas.

Dona Margarida gostou de se sentir mais bonita do que as amigas. Pensou em contar para elas que tinha

recebido a roupa nova de presente do Sr. Lírio, mas pensou que seria melhor fingir que era uma flor nova, senão as amigas ficariam com mais inveja ainda.

    Durante todo o dia as amigas ficaram curiosas, mas fingiram que nem viam a nova flor no jardim. Estavam tão furiosas que nem sentiram falta da Dona Margarida. Esta, por sua vez, estava tão feliz pensando que tinha recebido um presente do Sr. Lírio que às vezes até se esquecia das amigas.

Elas começaram a falar bem das pétalas alaranjadas... e elogiavam as pétalas vermelhas. Até das amarelas elas diziam que achavam um luxo... tudo isso pra fingir que não gostavam das pétalas violetas.

Dona Margarida só pensava no Sr. Lírio. Ficava olhando para o muro na esperança de que ele pudesse aparecer e vê-la no vestido novo:

– Se ele me olhar assim, com todo esse brilho, vai se apaixonar por mim imediatamente!

Dona Margarida então percebeu que pensava no Sr. Lírio com tanto carinho que o que sentia só podia ser... AMOR! Um amor que ela sentia pelo Sr. Lírio... e o Sr. Lírio nem imaginava que a Dona Margarida o amava... ela estava gostando tanto de sentir esse amor violeta que nem ligava... só pensava em se transformar na Senhora Lirieta, a esposa do Sr. Lírio!

Dona Margarida percebeu que suas amigas estavam tão incomodadas que cochichavam o tempo todo e a olhavam como se ela fosse uma inimiga. Ela se sentia uma rainha no meio das outras... e uma rainha apaixonada por um rei que nem sabia do amor que ela sentia...

Margarida sentia-se a flor mais sábia do jardim, pois conseguia fingir ser uma flor que não era e,

além do mais, ainda estava conquistando um rei. Dona Margarida pensava que a flor mais sábia tinha que se tornar a rainha, pois somente assim o jardim seria governado com justiça.

– Esse jardim vai mudar. Vou ser a rainha Lirieta, a rainha mais sábia e inteligente que esse jardim já teve!

Realmente o jardim já estava mudando e Dona Margarida, que ainda nem tinha se tornado a rainha Lirieta, começou a sentir um peso na consciência por querer brilhar mais que suas amigas. Ela não queria que as amigas ficassem tristes e seus sentimentos transformaram-se numa confusão. Afinal de contas não era justo fazer isso com as amigas que estavam sempre ao seu lado, nas horas boas e ruins.

Dona Margarida sabia que a sombra estava sempre bonita na parede, de cabeça em pé, elegante, mas que era apenas uma sombra e não o Sr. Lírio de verdade:

– E se ao ver o verdadeiro Sr. Lírio eu não gostar dele? A Orquídea, a Cravina, a Angélica, a Gardênia, a Rosa e a Tulipa eu conheço de verdade. Elas têm os seus defeitos, mas também têm muitas qualidades.

De repente Dona Margarida jogou todas as pétalas violetas para o alto e gritou para as amigas:

– Surpresa!

A surpresa foi tão grande que a Orquídea e a Cravina quase desmaiaram ao ver quem era a intrometida. Angélica e Gardênia fizeram caretas de raiva. Rosa e Tulipa mexeram suas pétalas desbotadas de descontentamento. E todas disseram:

– Estamos zangadas com a sua brincadeira, Dona Margarida!

– Isso não se faz! – gritou Dona Cravina.

– Estou tão magoada que não sei se vou voltar a ser sua amiga! – disse Dona Tulipa, e todas as outras concordaram.

– Onde é que já se viu fazer uma coisa dessas com a gente! – resmungou a Rosa.

As pétalas de todas elas começaram a ficar cinza de tanta vergonha que sentiam. A Dona Margarida, por ter enganado as amigas, e elas, pela inveja que tinham sentido.

Dona Margarida olhou nos olhos das amigas e disse que estava arrependida. Pediu desculpas e abriu as pétalas para um abraço com todas elas:

– Eu gosto mesmo é de vocês, que além de minhas amigas, são flores de verdade!

As amigas olharam para Dona Margarida e disseram juntas:

– Como assim, flores de verdade?

Margarida contou para as amigas que estava apaixonada pelo Sr. Lírio, mas que não sabia se ele existia de verdade, pois ela só via a sombra dele todos os dias na parede. Elas riram. A Dona Orquídea e a Dona Gardênia sorriram com todas as pétalas. A Dona Tulipa soltou uma gargalhada e disse:

— Margarida, você acreditava que a sombra era o Sr. Lírio? Como você se deixou enganar! Essa sombra é de uma árvore que mora no jardim ao lado!

A Dona Tulipa já tinha morado lá e conhecia a árvore de verdade, que fazia a sombra na parede. As amigas riram a tarde toda com a confusão da Dona Margarida.

Dona Margarida estava decepcionada porque o Sr. Lírio não existia, mas ficou emocionada ao descobrir a verdade e disse para as amigas:

— Eu percebi o que é realmente importante nessa vida... com ou sem pétalas brilhantes, se a gente tiver amizades verdadeiras a nossa vida já fica toda colorida!

Pequenas ideias, grandes pensamentos de
PLATÃO

Há aproximadamente 2.500 anos, na Grécia Antiga, viveu um filósofo chamado Platão. Ele dizia que quando alguém amava uma pessoa, mas essa pessoa não sabia desse amor (do mesmo jeito que a Dona Margarida sentiu que amava o Sr. Lírio), esse amor existia somente no mundo das ideias, e isso ficou conhecido até hoje como "amor platônico" em homenagem a Platão.

Ele também disse que nem sempre o que imaginamos ser verdadeiro é realmente verdadeiro. A Dona Margarida imaginava que a sombra na parede era o Sr. Lírio, mas, na verdade, a sombra era de uma árvore. Somente saindo do jardim e indo diretamente ao outro lado do muro seria possível conhecer a verdade, ou seja, de quem era a sombra na parede.

E assim como a Dona Margarida pensava que somente uma flor sábia poderia governar as outras flores com justiça, Platão também acreditava que somente os filósofos (que eram sábios) eram capazes de governar as demais pessoas com justiça.

 THIAGO MAZUCATO. Sou escritor e ilustrador. Sociólogo, com formação em psicanálise clínica, atualmente curso pós-graduação em Ciência Política na UFSCar. Fiz uma amizade com o lápis. Com ele costumo escrever os livros e também rascunhar os desenhos das ilustrações. E para ilustrar, o lápis costuma chamar alguns amigos para brincar e empatar, como a tesoura, a cola, a tinta, o pincel, e fazem uma verdadeira festa nos papéis.

 SAMI RIBEIRO e BILL BORGES. Somos dois ilustradores de Penápolis, interior de São Paulo, local onde a infância e a diversão são constantes, fascinantes e estonteantes. Desde muito cedo, nossas vidas estiveram entrelaçadas. Na escola, nos amigos em comum, e em especial, no gosto por dar cores e formas à imaginação. Papéis e lápis de cor não duram em nossas mãos. Crescemos assim. Nos formamos no magistério c no Design, duas áreas distintas, porém, as misturamos como duas latas de tintas, até que uma cor extraordinária nos desse a total base para as criações literárias, que hoje somam mais de 30 publicações, de diversos escritores, dentre eles Monteiro Lobato. E de uma maneira encantadora e prazerosa as ilustrações nos trazem em especial uma responsabilidade sem igual: trabalhar paras as crianças, que são de fato nossas esperanças. Em *A vida colorida da Dona Margarida*, colocamos amizade, tintas, lápis, canetinhas e as cores nas flores para ilustrar uma bela parceria com o gentil escritor Thiago Mazucato.

E a história se fez com bonitezas e vontades.

Abraços cheios de surpresas!